DÉFENSE

DE LA

NATION FRANÇAISE.

PAR

EMMANUEL D'HARCOURT.

IMPRIMERIE DE LE NORMANT, RUE DE SEINE.

PARIS,

LE NORMANT, IMPRIMEUR-LIBRAIRE.

1815.

DÉFENSE

DE LA

NATION FRANÇAISE.

L'EUROPE se plaint. Les maux qu'elle a soufferts, les insultes qu'elle a reçues de la France, sont ressenties par elle avec une amertume égale à tant d'affronts ; et les peuples européens semblent désigner à la colère de leurs Souverains, le peuple qui menaçoit de les asservir à une unique et insupportable tyrannie.—Les temps ont changé! Le peuple dominateur a vu s'évanouir sa gloire usurpatrice. Après avoir parcouru dans vingt-cinq ans toutes les phases de l'histoire romaine; après avoir eu ses soi-disant Brutus, ses prétendus Gracques et ses empereurs, presque maître de l'ancien Monde connu, la France se retrouve au temps de la décadence du grand Empire; subjuguée par ses propres armées, subjuguée par d'innombrables armées étrangères, elle n'oppose plus à ses malheurs que la générosité de Monarques guerriers qui peuvent anéantir la source de sa prospérité, mais qui sans doute écouteront sa défense.

Si l'on n'aperçoit que des faits manifestes, si, comme le peuple, on ne voit que les résultats d'une tyrannie long-temps victorieuse, la France entière semblera bien coupable. Mais lorsque, s'appliquant à suivre la marche des événemens, on daignera remonter aux sources de tant de malheurs, on retrouvera que la France n'a jamais été étrangère à l'Europe; que les souffrances ont été communes; que la tyrannie a été conjointement ressentie, et que la clémence des vainqueurs doit être adoucie par l'examen de mutuelles erreurs et de communes souffrances.

Sans doute on ne peut attribuer à la masse de la nation française les crimes énormes de la révolution. Le nombre de ses exécuteurs est limité; leurs noms sont preque connus; leurs faits sont en horreur à la France; leurs principes, séduisans d'abord, ne furent mieux connus qu'après une expérience terrible. Mais la tyrannie étoit organisée; la noblesse dispersée, l'armée devenue rebelle, les rangs détruits, la richesse avilie, ne laissoient aux vrais amis de leur patrie aucun point d'appui capable de les soutenir au niveau de la révolution, et, faute d'union, leurs vœux et leurs bras se trouvèrent enchaînés. Toutes les espérances se tournèrent vers l'Europe. L'on vit, chose inconnue jusqu'alors, tout ce que la France avoit d'hommes sincèrement attachés à leur monarchie, tout ce qui, sans doute, auroit pris avec la plus extrême ardeur les armes contre un envahissement dans des temps ordinaires, appeler, avec cette même ardeur, les puissances étrangères, et leur désigner le salut commun en leur demandant la fin d'une révolution qui devoit nécessairement dévaster l'Europe.

Les premiers essais d'une politique judicieuse furent infructueux. L'union de l'Autriche et de la Prusse, l'indécision de leurs premiers efforts, ne furent pas suffisantes pour étouffer une révolution naissante, qu'un succès déterminé devoit anéantir. — L'impulsion reçue de la capitale se répandoit dans les provinces; la minorité révolutionnaire de la nation accroissoit son influence du peu d'accord de l'Europe. — La France trembla sous cette domination, et bientôt sa crainte produisit l'arme qui devoit répandre au-delà de ses frontières la dévastation et les désastres. — Lorsqu'on a suivi la marche de la révolution, et que l'on connoît bien l'époque de 1793, on n'imputera certainement pas à l'esprit de la nation les malheurs dont la France fut alors victime. — La France étoit déjà vaincue par la révolution, comme l'Europe le fut depuis par le héros et l'héritier de ce détestable bouleversement.

Il faut remarquer que l'opinion publique avoit changé avec le temps. La révolution de 1789 avoit sans doute trouvé de nombreux partisans. La France alors étoit bien certainement imbue de ces idées naissantes d'une liberté nouvelle; mais leurs sectateurs, entraînés par ce qu'elle avoit de séduisant, ou s'arrêtèrent à temps, ou se précipitèrent dans des fureurs entièrement étrangères à la nation.

Cependant les puissances de l'Europe n'étoient plus en proportion avec cette épidémie menaçante. Leurs vétérans s'anéantissoient devant des recrues toujours renouvelées, qui se transformoient en vieux soldats, et devant des légistes qui devenoient des généraux expérimentés. — On crut que la barrière du Rhin arrêteroit la contagion, et la force de la révolution s'accrut d'une population immense.

Il faut convenir qu'à cette époque, l'invention des conscriptions militaires n'étoit pas encore, dans les Etats de l'Allemagne, organisée dans toute la force de sa tyrannie. Les peuples ne s'étoient pas encore familiarisés à se considérer comme un magasin d'hommes où l'on devoit puiser jusqu'à extinction, si tel étoit le bon plaisir du gouvernement; et cependant, la France possédoit déjà cette supériorité de ressources que l'Autriche ne put jamais vaincre. — Semblable à l'invention de l'arme à feu, qui détruisoit les armes d'un acier jusqu'alors impénétrable, de même la conscription française, entée sur les réquisitions précédentes, donna aux armées françaises le moyen de changer la nature des guerres européennes. De guerres prudentes, de disputes de frontières, elles devinrent des guerres d'invasion. — La capitale ennemie étoit le but de la course d'une armée entière. — Cependant l'Europe restoit oisive : la révolution qui, d'abord, l'avoit si justement effrayée, avoit perdu de son caractère contagieux par des crimes qui avoient prévenu ses ravages extérieurs, et les puissances européennes ne virent plus, dans les guerres suivantes, que les désirs de gloire d'un peuple belliqueux. —

Néanmoins les cabinets de l'Europe étoient éclairés : des Français amis de l'ordre leur remontroient sans cesse que la révolution n'avoit que changé de caractère ; qu'elle n'avoit fait que se donner un maître ; que cet homme, dominateur de sa patrie, subjugueroit également l'Europe, et que l'esprit de destruction et de nivellement s'étendroit aussi loin que son orgueil ne contrarieroit pas ses principes révolutionnaires. — Je m'en rapporte au témoignage des envoyés des différentes cours de l'Europe ; ils ont pu juger de l'esprit de la partie saine de la nation ; ils ont pu voir que, malgré son attachement à la patrie, elle ne s'est jamais aveuglée sur la prétendue gloire que la France retiroit de ses triomphes sanguinaires ; et qu'au contraire elle les a constamment détestés, parce qu'ils ne faisoient que consolider la tyrannie et l'illégitimité, et par conséquent, le malheur du genre humain.

Peut-on raisonnablement dire que la France est la seule cause du malheur de l'Europe? La France a été la première subjuguée; mais l'Espagne et l'Italie ont secondé les invasions du nord de l'Allemagne. Les troupes portugaises ont envahi l'Autriche et la Russie. La Pologne et l'Allemagne travailloient au servage de l'Espagne. Enfin, toutes les nations, dans le malheur commun des nations, n'ont fait qu'atteindre un peu plus tard à la rigueur de l'asservissement de la France. — Que l'Europe abaisse sur notre patrie un regard d'indulgence! qu'elle examine tous les fléaux qui l'ont accablée! Elle la verra poursuivie par une fatalité presque inévitable vers tous les maux qui peuvent affliger une nation. — Non-seulement une population immense a péri victime inutilement immolée, mais aussi toutes les ressources de l'Etat ont été attaquées; rien n'a suffi aux bouleversateurs. Dans leur inepte exaltation, rien n'a été épargné. Biens de nobles, biens du clergé, biens des hôpitaux, des universités, biens des communes, etc., etc., ont disparu dans le gouffre de notre prétendue gloire. Une masse énorme de papier-monnaie, après avoir alimenté une première guerre, a disparu tout à coup de la circulation; la dette publique réduite au tiers de sa valeur primitive, réduite encore aux trois cinquièmes de cette valeur effective, offre une seconde banqueroute presque aussi complète que celle des assignats et des mandats. — La misère la plus grande a succédé à la prospérité de la France.— Les capitaux se sont évanouis. — Les malheurs de nos colonies ont ajouté à la masse de nos infortunes. Les édifices se sont écroulés; les châteaux qui représentoient des valeurs immenses, ont été frappés du marteau révolutionnaire. Les vaisseaux du commerce se sont détruits, dans nos ports, de pourriture ou de vétusté, lorsqu'ils ont eu la fortune de se soustraire à la vigilance de l'ennemi. Voilà quelle étoit la situation réelle de l'intérieur de la France, tandis que l'Europe ne voyoit, à l'extérieur, qu'une apparence de félicité. — Les peuples, en effet, devoient concevoir une plus haute idée de notre fortune publique, lorsqu'ils voyoient annuellement sortir de nos frontières d'énormes armées, promptement équipées, dans l'attitude la plus formidable, et surtout lorsqu'ils souffroient des immenses exactions de leurs dévastateurs. Mais la France ne recueilloit rien pour son bonheur, de tant de rapines et de tant de désastres. — Tels succès qu'obtinssent les armées, les finances de l'Etat ne permettoient jamais de diminution d'impôts. Les armées seulement s'accroissoient en proportion des recettes, et chaque bataille gagnée, étoit un chaînon de plus que le ci-devant héros ajoutoit à la chaîne des misères publiques.

Long-temps l'Europe est restée immobile devant ces armemens formidables, empiétant d'une année sur l'autre, empiétant d'un état détruit sur un état incertain de l'être, et sans doute il seroit bien injuste d'imputer à la nation française les calamités de l'Europe, lorsqu'elle n'a fait que servir un peu plus tôt que les autres peuples les caprices du plus insultant des vainqueurs. — Du moins la France a été subjuguée par la révolution. — Buonaparte, élevé par ses premières victoires, a fixé les yeux des Français qui, ne le connoissant pas, ont cru trouver dans ses bras un refuge contre d'innombrables malheurs; mais l'Europe a foibli devant Buonaparte connu, devant Buonaparte irrévocablement hypocrite et tyran. — Nulle illusion n'a pu fasciner les yeux des peuples étrangers que l'on a vu rougir sous ses étendards.

La force qui naît de la disposition des choses avoit subjugué ces peuples, comme la force révolutionnaire avoit d'avance subjugué la France. —Buonaparte à la vérité se disoit Français, mais il l'étoit moins en effet que les alliés qui nous ont fait pendant dix mois connoître une lueur de félicité. — Buonaparte étoit un ennemi commun de tous les peuples, et c'est ainsi que tout esprit impartial doit le considérer, lorsqu'il voudra calculer la profondeur réelle de nos malheurs. — Ainsi donc, que l'Europe ne parle plus de l'humiliation de la France, et ne lui fasse plus un crime d'avoir servi celui devant lequel elle-même a baissé sa tête superbe.

Ce qu'il convient de faire, c'est de considérer la révolution et son dérivé Buonaparte comme un de ces fléaux épidémiques qui servent de siècles en siècles à diminuer la masse d'une population surabondante. — La peste est l'ennemie de toutes les nations : mais parce qu'elle part de tel pays, parce qu'il succombe le premier sous son ravage, le reste de la terre doit-il vouer sa haine au berceau du fléau dévastateur? — Devons-nous haine à l'Amérique, parce que la fièvre jaune a ravagé le midi de l'Espagne ?

L'Europe enfin, après de longs malheurs, ouvrit les yeux sur sa prochaine destruction. L'union la plus intime entre les souverains dissipa l'effroi d'une politique vieillie. — Ils sentirent que le premier intérêt des Rois étoit de régner, que le premier intérêt de leurs peuples étoit de se conserver Russes, Espagnols, Autrichiens ou Prussiens, etc. etc. Dès lors l'effort des nations obtint la liberté de l'Europe qui se trouva toute surprise de sa puissance.

Mais la France ne pouvoit se joindre à ses libérateurs : elle demeuroit encore sous une surveillance trop active. — Avant l'époque de la bataille de Leipsick, une armée de réserve destinée à la sûreté du gouvernement, étoit devenue la principale force de l'armée active. Il importoit au despote de s'assurer de la tranquillité de l'intérieur de la France. Ne pouvant la dominer par une force réelle, il prit des otages. Sous le prétexte de se former à la hâte une cavalerie légère, il inventa la formation d'un corps composé de volontaires pris de force parmi les plus riches jeunes gens des départemens. — Cette conscription arbitraire n'étoit véritablement qu'une garantie qu'il se donnoit de l'apathie publique. En effet, si l'on considère le peu de jeune sang qui restoit en France à cette époque, quand on ajoute à ce calcul l'éloignement forcé de dix mille jeunes gens, les plus prêts à guider avec effervescence le symptôme évident d'un mécontentement général, on sentira que la France n'étoit pas alors plus en état d'opérer un mouvement susceptible de succès, que les Etats d'Allemagne, encore au pouvoir des armées de Buonaparte, ne l'étoient de se délivrer d'un joug odieux, qu'ils supportoient avec tant de lassitude et d'horreur.

L'Europe a-t-elle pu exiger de la France une émancipation plus prompte que celle des peuples du Nord, qui ne renaissoient à la liberté qu'à chaque marche des armées libératrices ? — Qu'est-ce qui pouvoit faire le manque de force de tant de peuples belliqueux? Leur désunion, qui les livroit sans force à l'asservissement le moins supportable. Qu'est-ce qui comprimoit encore en France le désespoir des Français ? Rien autre chose que leur désunion.

Il ne faut point considérer l'énergie des peuples selon leur puissance ou leur population relative, mais selon leur unité. — L'Allemagne, si formidable par sa richesse, son étendue et la nature de ses peuples, n'opposoit cependant aucune résistance effective à la puissance colossale du tyran de l'Europe. Pouvoit-on raisonnablement l'exiger du royaume de Wurtemberg, je suppose, qu'il opposât sa seule puissance aux formidables envahissemens de l'Allemagne? Pouvoit-on de même exiger qu'une province de France levât isolément l'étendard de l'indépendance, lorsqu'il étoit à la disposition du Corse de se servir de troupes allemandes, et de les envoyer en poste comprimer, à deux cents lieues, les premiers symptômes de la plus légère effervescence?...

La désunion de la France cependant étoit d'une nature bien plus destructive d'une force réelle que celle qui régnoit dans les Etats allemands. — Leurs peuples conservoient des souverains justement aimés, qui n'étoient point considérés comme la cause des malheurs publics; qui même n'en paroissoient que plus chers à leurs sujets, parce que les infortunes étoient communes. — Les rangs n'étoient point détruits; la hiérarchie de l'âge, du mérite et de la vertu existoit toujours dans des Etats comprimés, mais non démoralisés : ainsi, les peuples, en rentrant dans leur liberté, retrouvèrent toutes leurs institutions, et leur unité devint parfaite.

Le mal de la France venoit d'une désunion intérieure qui tiroit son origine d'une révolution terrible, qui n'avoit laissé de nos institutions aucunes traces respectables. — Les noms en oubli, les réputations envahies par l'éblouissement d'une gloire colossale, n'attiroient plus assez les regards et la confiance des peuples, pour être le premier point d'appui d'un mouvement généreux vers la liberté de la nation, et d'un retour vers la famille auguste qui, pendant tant de siècles, avoit régi la France avec gloire.

Cependant Bordeaux venoit, à l'approche des armées anglaises et espagnoles, de retrouver son antique fidélité : les cris de *vive le Roi* s'étendirent bientôt du Béarn jusqu'à la Garonne; et quoique la population parût épuisée sous Buonaparte, un Bourbon peut encore y retrouver des soldats sensibles à de vieux souvenirs. — Paris alloit recevoir dans ses murs les troupes alliées, nuls signes extérieurs ne manifestoient la direction de l'esprit public. — La présence des troupes, la surveillance des administrations; l'existence de trois ou quatre polices différentes, n'avoient que trop appris aux Parisiens à concentrer en eux-mêmes les sentimens d'honneur et de prévoyance qui dirigeoient leurs vœux vers la royale famille de leurs souverains légitimes. — Mais à peine l'entrée des Monarques libérateurs eût-elle fait connoître au peuple qu'il pouvoit choisir parmi ses sentimens, qu'un mouvement spontané désigna que l'espoir de son salut ne pouvoit naître que de la légitimité. — L'entrée de MONSIEUR à Paris produisit un effet d'autant plus extraordinaire, que le gouvernement avoit pris plus à tâche d'effacer tous les souvenirs des Bourbons. — On peut assurer que vingt ans d'absence, de révolutions et d'un oubli prudemment prolongé, ne laissoient aux trois quarts des habitans de la capitale la connoissance exacte, je ne dis pas des vertus et du caractère de ce prince, mais même celle de la réalité de son existence; et cependant la joie fut extrême et générale, de l'aveu même des plus ardens ennemis de la Famille Royale.

Si, comme en Allemagne, le peuple français eût été généralement opprimé; si, conjointement avec des Souverains dont il eût été à même d'apprécier les vertus, il eût subi le joug le plus détestable, et que tout à coup il eût retrouvé ses princes, ses lois, ses usages, ses administrateurs, et tout ce qui commande l'estime et assure la félicité publique, que ne fût pas devenue l'allégresse dont la France auroit joui au moment de sa délivrance!

Il me semble que, jusqu'à cette époque, la nation française, séparée de son gouvernement, ne doit paroître ni plus ni moins coupable que le reste de l'Europe. Peut-on, en effet, reprocher aux Bordelais et aux Marseillais la brûlure de Moscou, plus que l'on n'a le droit de s'en prendre aux Prussiens, Autrichiens, Bavarois et Wurtembergeois qui servoient dans les rangs du Corse, comme les malheureux conscrits arrachés, avec une inhumanité sans pareille, aux foyers de leurs familles laborieuses. — De tant d'opprobre et de désolation, l'Europe seule est coupable! Si, dans Buonaparte et le jacobinisme, elle eût vu quinze ans plus tôt la peste et la fièvre jaune réunies; si elle eût senti que ces deux fléaux dévastateurs et propagateurs étoient d'une nature contagieuse qui attaquoit la légitimité de toutes les institutions, et plaçoit dans un péril commun la félicité de tous les peuples, sans doute les ravages du despotisme militaire ne peseroient plus depuis long-temps sur les nations du continent.

Avant d'examiner la conduite de la nation française pendant le règne du Roi, et l'invasion de Buonaparte, j'essaierai la défense de l'armée française jusqu'à cette époque. — Tous les peuples ont successivement ressenti quel malheur est celui de supporter sur leur territoire une invasion ennemie. Les troupes françaises ont, les premières, fait connoître à l'Europe l'excès des maux qu'entraîne un système tout-à-fait étranger aux temps modernes. — Autrefois, la guerre se faisoit avec ménagemens. — A défaut d'une soi-disant liberté nouvelle, les peuples avoient d'anciens priviléges que les souverains avoient alors l'habitude de respecter : et, comme alors ils ne pouvoient pas puiser des soldats jusqu'aux dernières sources de la population, et que d'ailleurs leurs pouvoirs héréditaires étoient en même temps paternels, ils ne considéroient pas les guerres comme des duels à mort, mais seulement comme des contestations résultantes de la divergence d'intérêts des Etats respectifs. — Trois cent mille hommes ne partoient pas alors en poste pour surprendre une ville capitale : mais la guerre, devenue guerre d'invasion, devoit entraîner de nouvelles calamités, et l'armée française devoit être chargée, par l'Europe, de toutes les malédictions que le nouveau système militaire ne pouvoit manquer de lui attirer.

Le gouvernement révolutionnaire d'ailleurs avoit produit une armée d'une nature toute différente de celle des autres peuples de l'Europe. Une judicieuse et longue expérience avoit réuni, entre les mains des gens opulens, la direction des forces militaires de chaque Etat. — La révolution, au contraire, confia ses armées à la direction de braves soldats qui, sortant de leurs rangs par leur valeur, n'avoient, pour la plupart, reçu d'éducation que celle des camps. Ces guerriers, d'une urbanité moins adoucie que celle des officiers de autres nations, ne donnèrent pas, à la nouvelle méthode de guerre, une apparence moins rigoureuse pour les vaincus; et l'Europe ne s'intimida pas moins des vainqueurs, que de leur manière de vaincre.

Sans doute, les maux qu'ils firent sentir à l'Europe ne peuvent trop se reconnoître, et l'on ne peut trop les déplorer ; mais, sous les conditions cruelles où l'on avoit placé ces armées vagabondes, que pouvoit-on attendre d'elles, si ce n'est d'être un peu plus ou un peu moins cruelles. — Que l'armée la mieux disciplinée de l'Europe entre dans un pays ennemi, et que son chef dise au soldat : « Nous sommes sur terres étran» gères; vous n'aurez plus ni paie ni ration; vous » ferez douze ou quinze lieues par jour; per» sonne ne s'inquiétera de votre bien-être; vivez » comme vous le pourrez : voilà des villages, » logez-vous, si faire se peut, ou couchez à la » belle étoile; mangez, ou ne mangez pas; pillez, » ou ne pillez pas, tout vous est permis, pourvu » que demain, à la pointe du jour, vous soyez » en état de faire douze ou quinze lieues nou» velles. » Je le demande au général le plus stricte en fait de discipline militaire : que devroit-il attendre d'une semblable armée? La ruine et la dévastation ne seront-elles pas la suite nécessaire d'un pareil système? — Les armées françaises ont fait le mal qu'il étoit impossible qu'elles ne fissent pas. C'est à leur détestable et barbare institution que l'on doit s'en prendre; c'est sur leur implacable chef que doit être reportée la haine qui les poursuit.

Il est naturel de se plaindre, lorsque tant de raisons de justes plaintes sont acquises; mais cependant, il n'est pas juste d'exiger de la nature humaine plus de vertu qu'elle n'en accorde à l'humanité. — Tous les pays que les troupes françaises ont dominés ont souffert sans doute ; mais ceux qui fournissoient d'abondantes ressources supportoient ce fardeau avec moins de désastre. Les pays pauvres, au contraire, ne pouvant suffire au bien-être du soldat, devenoient les victimes totales de ses souffrances et de sa faim. Toute armée placée dans une situation aussi douloureuse, devoit, dans une proportion semblable, produire les mêmes ravages et la même dévastation. — Dans un pareil abandon, une armée d'anges, privée de besoins terrestres, auroit pu seule conserver cet esprit de bonnes mœurs et d'exacte discipline qui convient aux armées régulières des Etats bien policés. — Ainsi les malheurs de l'Europe remontent à une cause première, dont les soldats français ont été les premières victimes. C'est cette cause que l'Europe devoit détruire plus tôt ; c'est contre elle que, quinze ans plus tôt, elle devoit réunir toute sa puissance, tous ses intérêts, parce que le mal à terrasser étoit au-dessus des forces de la France, ou d'aucun Etat isolé de l'Europe, et que les symptômes d'une oppression générale qui suivirent notre révolution, méritoient d'éveiller les peuples et les Rois, et leur faisoient assez connoître ce qui devoit advenir de leur désunion et du non emploi de la totalité de leurs forces militaires.

Jusqu'au retour de la Famille Royale, l'Europe a donc à se plaindre bien plus de l'institution militaire de nos armées, que des individus qui les composoient, et qui, bien souvent, détestoient les malheurs qu'ils faisoient naître sous leurs pas. Il ne sera pas aussi facile de disculper l'armée française de sa conduite ultérieure à cette époque. Mais établissons du moins que la nation n'a pas été complice de l'armée, et que l'apparence subite de Buonaparte a produit l'effet naturel qu'il devoit produire à la suite d'une révolution, et de vingt ans de succès gigantesques.

Le Roi de France, en remontant sur le trône de ses pères, n'a pu rendre à ses peuples un bonheur complet. — Les souverains d'Allemagne, ainsi que je viens de l'observer, en recouvrant leur indépendance, retrouvèrent des peuples organisés, des institutions, l'habitude du respect, et tout ce qui constitue le bonheur public. — Le Roi, presqu'inconnu à ses peuples, ne retrouva que la plus extrême confusion dans les rangs et dans les institutions, et les finances ne présentèrent guère plus de ressources que la morale publique. — Cependant, d'énormes réductions devoient s'opérer. — L'extension d'une usurpation colossale avoit peuplé l'Europe d'une multitude de commis et d'employés devenus inutiles. Tous les ministères avoient de nombreuses réductions à effectuer; enfin l'armée, portée à près d'un million d'hommes, devoit, par sa nouvelle organisation, laisser sans emploi une foule d'officiers qui regrettoient le métier des armes, et qui devoient souffrir des réductions indispensables dans un état de paix, et surtout avec la situation de nos finances.

Voilà donc nécessairement dans la nation une masse de mécontentement inévitable; car, quoique les individus n'eussent pas à se plaindre, cependant ils étoient malheureux, et leur existence diminuée devoit naturellement les porter à une inquiétude perpétuelle, et leur rappeler le temps de leur prospérité. — L'armée active elle-même ne se sentoit point satisfaite, quoiqu'elle fût traitée avec autant de justice que possible. Les généraux regrettoient leur état de guerre; les officiers ne voyoient plus d'espoir d'avancement; les sous-officiers se sentoient privés de l'honneur de devenir chefs. — Cependant, tous rendoient justice aux intentions de Sa Majesté.

Mais les fléaux de l'humanité n'avoient pas cessé d'exister; le jacobinisme, à l'aspect d'un retour de liberté publique, se crut destiné à profiter du résultat des armemens de l'Europe entière. Ses chefs, hommes de sang, qui n'avoient pu que frémir de l'invasion libératrice de la plus généreuse des croisades, ne se virent pas plus tôt certains de leur existence, que tout étonnés de vivre encore, ils commencèrent à s'armer d'une audace nouvelle, et songèrent à ressaisir un ancien pouvoir dont jadis ils avoient usé pour la désolation de leur patrie. — Oubliés de l'Europe, et forts du pardon royal, ils commencèrent sourdement leurs menées perfides; ils semèrent partont la division; la liberté de la presse devint leur palladium. — La constitution devint leur chef de fil. — A l'abri de cet acte respectable, leurs plus fougueux énergumènes osèrent attaquer presque de front l'autorité royale; et les tribunaux, issus en partie des temps de la révolution, ne trouvèrent dans leur pernicieuse audace qu'une légale manifestation de leurs opinions individuelles. — Les feuilles publiques, à leurs gages, s'enhardirent par ce succès; des journaux, évidemment ennemis de la Famille Royale, accablèrent ses plus fidèles serviteurs, et les livrèrent toujours plus à l'ironie publique, en proportion de leur plus de constance et de dévouement. Ils n'oublièrent surtout pas de mettre en œuvre les mécontens déplacés par l'effet nécessaire des nouvelles circonstances, et ils trouvèrent de nombreux échos dans les malheureux du jour.—Ils attaquèrent la fidélité de l'armée par toutes sortes de plaintes perfides. Ils feignirent de la regarder comme avilie. Ils exaltèrent au plus haut degré sa gloire militaire, sans vouloir reconnoître la puissance de ses derniers désastres; et cette armée, si long-temps invincible, ne pensa plus qu'à l'instant de venger ses derniers affronts. Ainsi l'Europe n'avoit fait que se délivrer elle-même. — La France conservoit dans son sein les ennemis de la félicité des peuples, et la même force active qui n'étoit plus suffisante pour subjuguer la population européenne, l'étoit cependant encore assez pour dominer la France et la soumettre de nouveau à la plus dangereuse des tyrannies.

Les jacobins recommençoient leur propagande. Buonaparte régnoit libre dans l'île d'Elbe... Les reptiles n'étoient qu'engourdis !.... Ils concertèrent entr'eux l'instant funeste d'un éclatant réveil ; et malheureusement la partie remuante de la nation n'étoit que trop disposée à se rallier à une autorité quelconque, pourvu qu'elle ne fût pas légitime, et qu'elle eût de l'argent à répandre et des places à distribuer.

Mais cette disposition d'une partie remuante de la nation étoit-elle générale, et la nation entière a-t-elle pris part aux derniers actes de rébellion à l'autorité royale ? C'est ce qui certainement n'a pas existé. J'ose croire que l'examen des faits ne laissera aucun doute à cet égard, et que je prouverai qu'il étoit aussi impossible à la France de prévenir ses derniers malheurs, que jadis il étoit impossible que le duché de Bade seul s'opposât à l'envahissement de son territoire, et prévînt seul les irruptions des armées de Buonaparte en Allemagne.

Pendant le règne du Roi, la France fit un pas vers sa félicité. Les vertus du Monarque furent appréciées. — On reconnut la volonté du bien dans tous les actes législatifs du gouvernement. — Le commerce reprit de son ancienne activité ; Paris et les principales villes de France marchèrent vers leur ancienne opulence ; et si la monarchie n'avoit eu à combattre que les efforts du jacobinisme, je ne fais nul doute qu'une assemblée représentative nouvelle n'eût donné à l'autorité royale toute la latitude nécessaire pour l'entier anéantissement de ce parti destructeur. — Mais l'existence de Buonaparte étoit l'espoir des factieux. — Les jacobins pensèrent que son étoile pouvoit encore leur être utile, et qu'à la lueur de son dernier éclat ils pourroient retrouver quelque chose de leur ancienne importance. Il se forma, sans doute, entr'eux une association de scélérats, qui, bien déterminés à s'entre-détruire, n'en croyoient pas moins nécessaire de se réunir dans leur premier choc contre toutes puissances légitimes et contre toutes institutions préservatrices.

Cet accord entre une minorité très-active et une minorité très-factieuse, et la force qui pouvoit en résulter pour un coup de main, ne signifient certainement pas que la nation soit coupable envers le Monarque et envers l'Europe du succès d'une conspiration aussi rapidement exécutée. — J'avouerai cependant que dans plusieurs départemens la basse classe du peuple et une partie de la population des campagnes, furent séduits par les mensonges les plus absurdes, mais en même temps les plus propres à les effrayer sur leurs intérêts personnels. — Ce n'est pas le vœu d'une populace égarée qui fait le vœu d'une nation, c'est l'esprit de la masse des propriétaires qui seule peut exprimer une opinion publique; et lorsque par une suite inouïe de malheurs il se trouve qu'un pays conserve dans son sein, tant par la stagnation des tribunaux que par une foule d'amnisties successives, tous ceux qui se sont fait une étude d'égarer la classe obscure de la société, doit-on s'étonner que quelques malheureux habitans des campagnes se soient laissé entraîner à ce qui devoit nécessairement attirer à leur patrie et à eux-mêmes les malheurs dont ils croyoient se garantir à jamais?

Je suppose que depuis vingt-cinq ans les tribunaux de l'Angleterre eussent été les complices des jacobins de leur patrie; que tous les esprits de désordre eussent été maintes fois absous ou graciés en raison de leur nombre et de leur crédit; si au contraire on n'avoit pas très-soigneusement peuplé Botany-Bay de tous les boute-feux qui portent si facilement dans ce pays la populace à des actes de rébellion; si les principaux chefs de ce parti n'avoient pas été régulièrement pendus aussitôt qu'ils pouvoient être convaincus, pense-t-on que depuis vingt-cinq ans l'Angleterre se fût élevée à sa prospérité actuelle? Et si, dans cette supposition, il se fût trouvé quelque scélérat audacieux, qui, fort de son ascendant sur l'armée de la nation, se fût affilié à tous les boute-feux aguerris de sa malheureuse patrie, pense-t-on qu'un instant l'Angleterre eût pu résister à ce double fléau? Certes, aucun Anglais raisonnable n'oseroit l'affirmer! Une nation ne peut inopinément se trouver prête à résister à sa propre armée régulière, et lorsque ce qui est la force d'un Etat devient son ennemi direct, n'est-il pas de toute nécessité que l'Etat succombe?

Sous un gouvernement représentatif, les lois ne sont point répressives; un délit prochain ne peut être prévenu ; l'acte qui constitue le crime doit avoir reçu au moins un commencement d'exécution avant que les tribunaux puissent agir à l'appui de la tranquillité publique : aussi leur rigueur doit-elle être d'autant plus extrême, que leur institution est plus favorable à l'accusé. — Mais lorsque le crime est effectué, les tribunaux anglais s'attachent avec la plus rigide inflexibilité au texte précis de la loi. Nulle pitié n'intervient dans leurs arrêts, et leur justice seroit sans doute la plus sanguinaire de toutes les justices du monde, si la clémence royale n'enlevoit aux échafauds la très-grande majorité des criminels qui leur sont destinés ; cependant cette clémence ne tourne pas en danger pour la société. Un éloignement perpétuel ôte aux malfaiteurs l'occasion de propager leurs vices, et d'infecter de leurs principes contagieux les classes les moins éclairées de la société.

Si la France eût depuis la révolution peuplé quelqu'île déserte de ces réprouvés que tant d'amnisties successives ont conservés au jour pour la désolation de leur patrie, on pourroit s'étonner de l'esprit de vertige rapide que le génie du mal a si subitement répandu sur la classe ignorante de la société : mais que ne peut-on pas attendre de vingt-cinq ans de démoralisation, et surtout de vingt-cinq ans d'impunité?

Après avoir reconnu les torts de la partie vicieuse ou peu éclairée de la société, je dois examiner ceux que l'Europe attribue généralement à la totalité de la nation. — Je pense qu'ils ne sont pas fondés, et qu'ils ne peuvent nous être imputés que par ceux qui n'ont pas eu de l'intérieur de la France une connoissance assez approfondie. — Il suffit, pour s'en convaincre, d'apporter une attention minutieuse aux faits matériels qui se sont succédé depuis le 6 mars jusqu'au 20 mars dernier.

Le débarquement de Buonaparte à Cannes ne fut connu à Paris que le 6 au soir. — Quoique beaucoup de personnes ne doutassent pas du non succès de cette entreprise, et que plusieurs ne vissent en elle que la fin dernière du tyran de l'Europe, MONSIEUR, frère du Roi, partit dans la nuit du 6 au 7, et fit la plus grande diligence pour arriver à Lyon. Ainsi, de la part du gouvernement, l'affaire fut considérée comme la plus majeure possible. Cependant, à l'arrivée de MONSIEUR, la prise de Grenoble étoit déjà connue à Lyon. Les troupes, à l'approche de Buonaparte, manifestèrent des dispositions tellement alarmantes pour la sûreté du Prince, que les généraux les mieux connus par leur intrépidité, et qui depuis ce temps ont fait preuve de la plus noble fidélité, le forcèrent d'échapper au péril qui devenoit de plus en plus manifeste, et auquel ils ne parvinrent quelques instans plus tard qu'à se soustraire avec la peine la plus grande et le danger le plus imminent. — L'arrivée de MONSIEUR à Paris fit connoître le péril de la situation du Roi. — Le général Lefebvre-Desnouettes au même temps fit une entreprise sur la capitale; elle échoua par la bonne conduite du général Guyot et de la cavalerie de la garde qu'il commandoit, et l'on en conclut de là que la garde à pied commandée depuis plusieurs années par le maréchal Oudinot, et dont l'attachement à son chef étoit connu, donneroit à l'armée un premier exemple de fidélité qui deviendroit le salut du Roi, de la capitale et de la France entière. — Cependant Buonaparte s'avançoit avec une extrême rapidité, se renforçant de tous les régimens qu'on lui opposoit, de nombre de soldats isolés, et des officiers à demi-solde des départemens qu'il traversoit. — Le temps pressoit tellement, la connoissance de l'homme avertissoit si positivement qu'il seroit à Paris le 20, que l'unique ressource fut de se confier à la fidélité des troupes; en même temps l'organisation de quelques corps de volontaires royaux s'effectuoit à Paris, malgré toutes les entraves que les ennemis secrets du Roi ne cessoient de mettre à toutes les mesures du moment. — On n'eut que le 12 la connoissance d'un danger extrême; ainsi huit jours seulement restoient pour se former une ressource indépendante de l'armée, tandis que la révolte s'avançoit à grands pas, et donnoit à la trahison intérieure la plus ardente et la plus perfide activité.

Il est facile de se représenter la confusion de ces derniers momens. L'inquiétude existoit non-seulement sur les mesures à prendre, mais sur chacun des individus chargés de les exécuter; sur chacun de ceux qui donnoient des avis, sur chacune des nouvelles qui se renouveloient sans cesse; mais du moment où l'on avoit pris le parti de se servir des troupes, et de les appeler à la défense de Paris, il étoit bien évident que toutes autres mesures n'étoient plus qu'accessoires, et que les ressources que l'on obtiendroit des bonnes dispositions des Parisiens, ne seroient qu'une force auxiliaire tout-à-fait subordonnée à la conduite des troupes qui se rassembloient aux environs de la capitale.

Il est facile, lorsque l'on juge à froid de semblables événemens, de décider exactement la marche qu'il eût fallu tenir; mais tout officier, tel brave qu'il soit, qui se sera trouvé à une surprise de poste, conviendra que dans ce cas-là la prudence humaine n'a pas toujours un coup d'œil assez rapide pour calculer la seule chance de succès peut-être qui lui reste, et que parfois cette seule chance de succès est rendue nulle par la rapidité de l'exécution. — Je crois donc, que, sans examiner la chance qu'il eût été le plus favorable de courir, on peut du moins affirmer que du moment où l'on avoit fait choix de se jeter dans les bras de l'armée, et que les nouvelles de Melun et de Fontainebleau n'apprenoient que de plus récentes défections, la défense de Paris n'offroit que bien peu de ressource. — Mais il faut convenir que lorsqu'outre cela la cour fut instruite à la fois, non seulement de la révolte de la garde du côté de Troyes, mais encore de la proclamation du maréchal Ney, et de la marche de son corps d'armée contre Paris, il seroit devenu d'une imprudence hors de toute raison d'attendre l'issue d'une lutte qui ne devoit tourner qu'à la destruction de tout l'espoir qui restoit à la France. — Le Roi prit, ce me semble, la seule mesure qui convînt à ce moment désastreux. De Lille il devoit conserver une attitude royale, et si la trahison n'eût suivi sa marche rapide, cette place seroit devenue le point d'appui de sa puissance, et l'auroit mis à même de seconder ce que les vues des puissances alliées avoient de bienfaisant pour son royaume et pour ses sujets fidèles. — Mais je n'ai point à traiter de l'action du gouvernement, je dois examiner la conduite du peuple, de la masse des citoyens intéressés par quelque possession au maintien de l'ordre public, lors de l'approche de l'usurpateur, et de la sortie momentanée du Roi de sa capitale, et peu après de son royaume. — Ceux qui connoissent Paris savent la difficulté que doit y éprouver l'organisation subite de corps irréguliers. Le peu de rapprochement des individus, la confusion des chefs, les grandes distances de la ville, l'incertitude des rencontres rendent fort lents les succès de toutes affaires, et particulièrement de celles qui offrent le plus de combinaison. — Il ne faut pas juger des dispositions du peuple de Paris, par le peu d'efforts que huit jours lui permirent de manifester. — Quelques milliers d'hommes cependant furent réunis et mal armés dès le 18 et le 19. — Si tous ceux qui devoient concourir à cette levée de volontaires, eussent participé des loyaux sentimens qui les animoient, il est à présumer qu'un bien plus grand nombre d'individus se seroient trouvés prêts à soutenir la cause royale.

On doit dire aussi à l'avantage de l'esprit public, que les mesures prises alors furent les plus fausses et les moins convenables possible à la circonstance. — Au lieu de charger différens hommes, sûrs, de réunir, dans chaque quartier de la ville, les gens de bonne volonté, de les armer et équiper sur les lieux et de révolutionner cette mesure, on prétendit former régulièrement et sous l'inspection des officiers les plus âgés de l'Europe, un corps d'armée dont les différens grades seroient donnés à l'ancienneté. —Le lieu du rendez-vous général étoit Vincennes. —L'idée première de cette formation, la lenteur de ses apprêts, l'âge des chefs, etc., etc., contrastoient trop avec l'ardeur et la jeunesse des volontaires royaux, pour ne pas ralentir l'élan de leurs premières impressions.

Les cent-suisses et les gardes de la porte se recrutèrent avec une grande facilité; quelques jours de plus leur eussent fourni un nombre d'hommes très-considérable. La garde nationale donna plusieurs milliers d'hommes disponibles et très-bien équipés; mais la réunion de ces forces à la maison du Roi, dont l'état des finances publiques n'avoit pas permis l'entière organisation, ne pouvoit certainement pas être opposée à la masse de troupes régulières que la présence de Buonaparte devoit unir contre l'autorité légitime.

Les étrangers qui pendant ces huit jours ont pris connoissance de la situation de la capitale, rendront sûrement compte à l'Europe des témoignages d'affection que les Parisiens donnèrent au Roi et à la famille royale. Les cours des Tuileries étoient constamment remplies d'une foule composée de toutes les classes de la population. L'émotion qui se peignoit sur tous les visages, les larmes dont les yeux s'humectoient de moment en moment; les discours des hommes simples, qui voyoient dans le malheur qui menaçoit le Roi, les désastres communs de leurs familles et de la patrie ; les démonstrations loyales des femmes des classes moyennes, qui exprimoient avec énergie la chaleur de leurs sentimens ; la résignation des hommes plus éclairés, qui désiroient ne pas survivre à la catastrophe que, de sang-froid, ils considéroient comme inévitable : toutes ces scènes qui se renouveloient à l'infini, méritent d'avoir été vues pour être judicieusement appréciées. — Mais les provinces ne manifestoient pas avec moins de réalité leur dévouement à la cause royale. — Les villes de Rouen, de Caen, d'Abbeville, d'Amiens, de Poitiers, d'Orléans, du Havre, de Versailles, et d'un grand nombre d'autres villes considérables, avoient armé à la hâte des volontaires royaux, dont quelques-uns se trouvoient déjà aux portes de Paris, tandis que les autres étoient en pleine marche pour coopérer à sa défense. — Le temps seul manquoit, si Grenoble eût arrêté huit jours la marche des troupes du triomphateur, la France pouvoit être sauvée, car la masse de la nation auroit pu prendre une impulsion qui en eût imposé aux troupes. — Mais le talent de l'homme étoit assez connu pour que l'on eût marqué le jour de son arrivée à Paris. — Son voyage étoit calculé ; c'étoit le 20 mars qu'il devoit reprendre pour trois mois son rôle d'usurpateur, et accroître par de nouvelles jongleries ses droits anciens à la haine de la nation française et de toutes les nations européennes.

Le midi de la France n'étoit pas à même de prendre part à la défense de Paris; mais son attitude est assez connue de l'Europe, et ses sentimens sont mis hors de doute : mais, comme cela arriveroit dans tous les pays du monde, une très-foible minorité factieuse, soutenue de la force régulièrement armée, parvint à comprimer une nombreuse population, qui dans des villes ouvertes est sans puissance contre les ravages de l'artillerie.

Dans les pays que Buonaparte traversa rapidement, depuis Grenoble jusqu'à Paris, il trouva sans doute des partisans; sa marche inattendue, l'importance de son premier succès, son intelligence avec plusieurs membres des administrations royales, les œuvres préparatoires des jacobins, et surtout ses promesses insensées d'une liberté qui depuis vingt-cinq ans n'avoit existé que sous le Roi, firent sur la basse classe du peuple de ces contrées, l'effet d'un météore qui peut-être renversera les moissons, mais de l'éclat duquel on ne peut s'empêcher d'être ébloui, et que l'on considère avec une sorte d'enthousiasme. Mais le reste de la société dominé par la présence des troupes, et l'élan de la populace, n'en conservèrent pas moins la confiance que la propriété doit exclusivement à un gouvernement régulier et paternel.

Pour examiner judicieusement l'esprit public en France, et distinguer le vœu de la nation de l'effet de la surprise et de la stupeur qui en fut la suite, il me semble que l'on doit observer quelle fut, pendant l'interrègne, la ressource que l'usurpateur trouva dans une population de vingt-cinq millions d'habitans; quelle force il put opposer aux armées alliées, et si, d'après ce calcul, l'Europe ne doit pas reconnoître en France de zélés et de nombreux coopérateurs à l'extinction de la tyrannie universelle.

L'armée royale étoit, lors du départ du Roi, forte d'environ cent quarante à cent cinquante mille hommes effectifs; la gendarmerie, la marine, les vétérans, les gardes-côtes, les douaniers, etc., offroient de grandes ressources, soit dans l'intérieur, soit pour le service des places fortes. — Pendant près de trois mois, tout ce qui étoit apte à porter les armes sortit des villes ou des villages par la force de l'impulsion du gouvernement impérial; les routes furent couvertes de recrues; tous les anciens militaires furent rappelés; une partie des gardes nationales fut mise en activité. Les rapports des préfets devoient nécessairement offrir l'apparence d'une des armées les plus nombreuses que la France eût jamais mises sur pied, et cependant, malgré tout ce mouvement, l'homme de l'île d'Elbe ne put, par la réunion de ses forces de ligne, envahir le territoire étranger avec une armée de plus de cent trente à cent quarante mille hommes. Cela venoit de ce que la moitié de ses forces étoient employées à s'assurer de la tranquillité de l'intérieur, et à réprimer les deux tiers de la France, qui, d'accord avec le reste de l'Europe, avoient résolu de secouer le joug commun. — Nous ne pouvions pas, il est vrai, agir par une puissance ostensible; mais la force d'inertie de la nation paralysoit tous les efforts apparens du gouvernement. La Normandie se refusoit aux levées d'hommes; la Bretagne ne fournissoit pas un soldat à l'armée active; la Vendée, le Maine, l'Anjou, occupoient de nombreuses forces régulières; la Gascogne et le Languedoc nécessitoient la surveillance des troupes de Buonaparte. La Provence leur résistoit avec un courage au-delà de ses forces. Comment ne pas reconnoître, à cet état véridique de la situation de la France, la coopération intime de la nation aux travaux de l'Europe?

Si, dans d'autres circonstances, une invasion étrangère eût menacé la France, pense-t-on qu'une seule bataille eût été la fin de sa destinée? Les places fortes eussent-elles, comme elles l'ont fait, au nom ou pour la cause du Roi, arboré l'ancien étendard de la France? eussent-elles secondé les forces de l'ennemi? Lille, Valenciennes, et tant de places qui couvrent notre frontière, n'eussent-elles pas, par des flots de sang, fait acheter à l'Europe l'honneur de notre destruction?

Sans doute la France fut coupable en 1789. L'espoir d'une plus grande liberté la priva de sa liberté. L'ancienne législation française, formée par le temps, par l'usage ou par l'habitude, parut trop vieille à des novateurs de bonne foi peut-être, mais très-imprudens. — Au lieu d'une multitude de garanties de la liberté, au lieu de mille chartes différentes qui limitoient l'autorité royale, on fut ébloui de l'idée d'une charte unique qui devoit réunir et assurer les intérêts de tous. — On ne trouva plus suffisans les Etats provinciaux, les droits de remontrance des cours de justice, les priviléges des villes, des nobles, des corporations des communes, etc. etc.... On ne voulut pas voir dans ces institutions, produit de la longue existence d'une société, des liens réels à l'autorité royale.... On appela tyrannie le règne de Louis XVI, le meilleur des hommes et le mieux intentionné des Rois, et la masse de la nation prit sans doute une grande part aux premiers désordres des esprits. Mais en 1791, la nation étoit déjà subjuguée; nulle force intérieure ne pouvoit recevoir assez d'union pour détrôner la révolution. L'éloignement ou la dispersion de la noblesse, l'expulsion de tous les anciens fonctionnaires publics, la persécution déjà commencée contre la richesse, favorisoient trop le désordre pour que la partie saine de la nation reprît les rênes de la société. — La mort de Louis XVI fut un malheur européen. Il est vrai, cependant, qu'il sauva momentanément l'Europe de la contagion des principes républicains; mais il donnoit aux forces imposantes de la révolution une attitude trop menaçante pour que le péril des Souverains ne fût pas déjà manifeste; et lorsque la France, avec un million de soldats, eût reculé jusqu'au Rhin les bornes de sa frontière, l'union de tous les peuples pouvoit seule suffire à la délivrance commune.

Depuis 1792, la France n'est plus accusable des malheurs du Monde, parce qu'elle n'a certainement pas pu se tirer de ses propres malheurs, et qu'elle n'a été que la première puissance subjuguée. — Les immenses armées de la révolution dominèrent trop puissamment l'esprit public, pour qu'il pût, autrement que par elles, se soustraire aux diverses oppressions de tant de gouvernemens différens; et les révolutions qui s'opérèrent parmi les meneurs, ne rendirent aucuns services à la nation, parce que les armées restèrent constamment sous leur influence directe, et que, par leur essence, elles étoient déjà tout-à-fait étrangères aux intérêts de la patrie.

Il ne faut pas se le dissimuler, la guerre de la révolution ne fut pas prolongée seulement par un faux motif de gloire; il falloit donner à l'élan des armées révolutionnaires une direction extérieure, qui n'ajoutât rien à l'agitation intérieure de la France, ou même qui servît à la détruire. — Depuis cette époque jusqu'à Buonaparte, tous les gouvernans ont craint l'inquiétude des troupes en repos, et plusieurs de nos guerres ont très-probablement eu pour cause la peur que la France avoit de ses défenseurs.

L'institution de l'armée n'étoit plus protectrice, comme elle l'étoit du temps de la noblesse. L'organisation des forces militaires de tous les peuples de l'Europe, depuis l'accroissement des troupes régulières, en détruisant le trop de puissance des institutions féodales, s'étoit emparée avec sagesse de la partie de ses privilèges qui devoit servir de protection aux peuples et de sécurité aux gouvernemens.

Les anciennes familles militaires, en tenant plus immédiatement à l'Etat par leurs richesses et par leurs souvenirs, servoient en même temps de garantie contre l'abus des forces actives qui leur étoient confiées, et elles faisoient, en temps de paix, la sûreté du dedans lorsque la guerre ne les appeloit pas à des services extérieurs. — L'Europe s'est ressentie long-temps de la sagesse de cette organisation. — Les guerres, depuis près de deux siècles, avoient perdu de leur férocité. Les nations laissoient à leurs souverains le soin glorieux de se disputer quelques provinces. — L'humanité se mêloit aux horreurs du carnage, et le malheur de la captivité n'étoit plus ressenti des vaincus. — Lorsqu'une guerre finissoit, les soldats retournoient paisiblement dans leurs foyers, sans que leurs chefs eussent un intérêt contraire au bien général, puisqu'ils revenoient à un repos aisé et honorable, et que l'intérêt de leurs familles et de leurs propriétés contrebalançoit victorieusement toute ambition exagérée.

Buonaparte, qui vouloit bien être révolutionnaire à l'égard d'autrui, avoit fort bien senti qu'une puissance militaire comme la sienne ne pouvoit être consolidée que par une noblesse qui lui appartînt. — L'armée française souffrit très-patiemment les récompenses en titres de noblesse qu'on lui décerna. — La riche bourgeoisie brigua des titres de comtes, et tous les vieux jacobins crurent avoir à se plaindre de la cour, lorsqu'ils ne furent décorés que du titre de baron. — A travers les reproches que l'on peut faire à cette institution nouvelle, on sentira que les travaux de l'armée française avoient, pendant vingt ans, été trop glorieux pour elle pour que leurs chefs ne fussent pas nobles de fait, comme jadis la noblesse s'acquéroit par une vie noble ou une succession d'emplois importans dans l'Etat.

Avec les prérogatives les moins importantes, on peut former une noblesse militaire, la seule honorable, la seule utile, et la meilleure garantie de leur tranquillité que puissent avoir les peuples et les souverains. — Buonaparte a si bien senti cette vérité, que partout où il a porté son astuce et ses cruautés, il a cherché constamment à annuler la noblesse des autres Etats, tandis que lui-même ne songeoit qu'aux moyens de fonder la sienne par l'érection de nouveaux titres et la dotation de nombreux majorats. — C'est qu'il vouloit anéantir, chez ses voisins, une cause réelle de prospérité, tandis qu'il cherchoit à donner à l'hérédité de sa famille un point d'appui solide, en lui assurant pour l'avenir une armée composée de chefs dotés par lui, et ayant le premier rang dans l'Etat.

De toutes les noblesses de l'Europe, la noblesse prussienne étoit la plus essentiellement militaire : aussi est-ce celle qu'il a le plus activement persécutée. Il vouloit la réduire à mendier son pain. — Dans les guerres d'invasion, la noblesse militaire de province est en effet d'une ressource imminente contre l'établissement de l'ennemi dans l'intérieur d'un pays ; et si la guerre se prolonge, le succès ne peut en être douteux, parce que la population facilement organisée par des chefs naturels qui lui sont connus, oppose une force trop active et trop renouvelée, pour que des armées régulières y résistent à la longue.

Mais, par l'organisation républicaine de l'armée française, la nation étoit naturellement vaincue par son gouvernement, maître des troupes, comme le gouvernement devoit être annullé par le premier chef audacieux qui, fort de ses succès militaires, tenteroit de renverser l'ordre établi dans son pays. — Lorsque des armées sont colossales et hors de proportion avec la population, il n'y a que des institutions nobiliaires qui puissent préserver, non seulement l'Etat auquel ces armées appartiennent, mais même les contrées voisines, attendu que les gouvernans ne peuvent prévoir de sécurité pour eux dans la fin d'une guerre, que par l'espoir d'une nouvelle invasion; et c'est sans doute cette considération puissante qui forçoit les armées de l'empire romain à toujours agir offensivement, puisque leur repos effrayoit avec raison des empereurs, qu'elles pouvoient détruire comme souvent elles les avoient élevés.

Depuis l'organisation permanente d'armées de quatre à cinq cent mille hommes, il est injuste d'accuser les nations d'actions entièrement indépendantes d'elles. Les malheurs que causent ces armées ne viennent souvent pas des chefs eux-mêmes, mais du genre de guerre qui résulte d'une institution aussi formidable. Les ravages de l'Espagne sont tous aussi étrangers à la nation française qu'à la nation polonaise qui fournissoit aussi des troupes pour cette malheureuse exécution. — Mais, pour justifier ma patrie des torts qui n'ont appartenu qu'à ses chefs, je demanderai si jamais les guerres de Russie et d'Espagne ont été approuvées de l'opinion publique; si au contraire tout ce qui est capable de penser et de sentir n'a pas constamment gémi de ces invasions forcenées. — Et si l'on pouvoit douter du peu de part que la nation a pris aux événemens qui faisoient sa prétendue gloire, que l'on parcoure nos campagnes, et que l'on demande aux mères de famille qui n'ont plus de fils, quel intérêt les unissoit au bombardement de Cadix, ou à la brûlure de Moscou, dont l'existence leur est même inconnue. — Et lorsqu'on pense aux lois de la conscription, contraires à toutes les lois établies, qui rendoient les parens cautions de leurs fils ou neveux, qui faisoient même des parrains un objet de vengeance de la part du gouvernement; lorsqu'on pense que des garnisaires demeuroient à leur solde jusqu'au retour du conscrit fugitif; et qu'à défaut de solvabilité, les biens et meubles de ces innocens étoient, sur la place publique, vendus à l'encan sans aucune autorité de justice, peut-on penser que la volonté nationale ait jamais été de livrer la plus laborieuse partie de son sang pour courir après une gloire qui ne pouvoit atteindre que l'individu le plus implacablement avide d'une fausse renommée?

Mais, pour bien distinguer la nation du gouvernement, il faut l'examiner, lorsqu'isolée de ses meneurs, elle pouvoit, sans en être victime, faire connoître la nature de ses véritables sentimens. — Les Espagnols, les plus indignement traités de tous les peuples, furent considérés par le gouvernement français, lorsqu'ils étoient faits prisonniers, comme des rebelles pris les armes à la main. Il sembloit leur faire grâce de la vie, lorsqu'il les faisoit mourir de faim ou de misère le long des routes, ou que dans des lieux de séjour il les privoit de toutes les ressources nécessaires à l'humanité. — Plus ces prisonniers furent malheureux, plus la charité publique s'empressa d'adoucir leur sort. — Dans les différentes provinces de France ils furent à même de connoître la divergence des sentimens qui animoient leurs hôtes ou leurs persécuteurs, et c'est sans doute à la publicité de cette charité nationale que nous devons que la haine des Espagnols n'a point conservé contre nous cette ardeur qui devoit être invincible et perpétuelle. — Les chefs et les soldats ont sans doute étonné leurs compatriotes du récit de l'adoucissement de leurs souffrances, et c'est à leurs rapports que l'on doit la modération présente de la nation espagnole envers la nôtre : car, il faut en convenir, si la France eût été réellement coupable, les deux nations semblables à ces fourmis de races differentes, dont la nature est de s'entre-détruire; ces deux nations, dis-je, n'abandonneroient qu'avec leurs noms l'instinct d'entre-destruction qui devroit les animer.

Toutes les nations de l'Europe peuvent d'ailleurs connoître, par le rapport de leurs prisonniers, si l'esprit du peuple en France étoit d'accroître ou de diminuer les malheurs de leur situation; et les officiers, plus à même de connoître les opinions politiques de la classe susceptible d'en avoir, rendront sans doute le témoignage que les guerres entreprises sous Buonaparte ne furent nullement nationales, et qu'elles ne furent imposées à la nation que par cette même force arbitraire et tyrannique sous laquelle l'Europe eut à gémir comme elle.

Ne seroit-il pas bien cruel, lorsque les monarques européens, d'accord dans leur excessive indulgence envers celui qui nous a tous rendus malheureux, lui conservassent des jours qu'il devroit détester, que leurs peuples gardassent le ressentiment de leurs souffrances envers une nation bien plus long-temps malheureuse, plus opprimée, et qui ne s'est trouvée que forcément l'instrument de tant de désastres communs ? — N'est-il pas juste de juger les nations d'après les circonstances qui les dominent ; et l'Etat le mieux organisé de l'Europe, qui perdroit à la fois toutes ses institutions, et qui tomberoit subitement entre les mains de ceux contre qui les lois sont faites, pourroit-il se flatter de retrouver, après vingt-cinq ans de révolutions et d'une démoralisation à peu près complète, autant de sentimens vifs et légitimes que la France en reproduit encore, lorsqu'il s'agit de montrer du dévouement à la cause royale ? — Et combien de Français ne peuvent-ils pas dire à l'Europe : « Vous avez plié devant Buonaparte, vous êtes » devenue son alliée ; mais nous n'avons pas » voulu de ses faveurs, nous avons constamment méconnu sa puissance ; nous n'avons jamais servi ses crimes ni ses fureurs ; constamment royalistes par instinct, par devoir et par

» amour de la patrie, sans espoir même d'un
» temps plus heureux, nous avons bravé sa puis-
» sance; et soit par la voie des armes, soit par la
» force de notre ténacité, nous avons sans foi-
» blesse et constamment servi la cause des Rois,
» de l'Europe et celle de l'humanité? »

Il me reste à examiner la conduite de l'armée française à l'époque du départ du Roi. — Sans doute elle n'est pas excusable : mais cette armée est-elle aussi criminelle que le seroit celle d'une monarchie régulière, qui tout à coup se livreroit à l'ennemi de son souverain légitime? — Ce que j'ai dit de la nouvelle institution d'une armée républicaine, se rapporte à la situation de ce moment. — Les chefs de l'armée française se trouvèrent par leur âge, presqu'autant que par la nature des différens gouvernemens qu'ils avoient servis, éloignés du souvenir que tout Français doit à la Famille Royale. — Bientôt une institution nobiliaire les rendit l'appui d'une usurpation impériale. L'éclat du chef, sa libéralité, le prompt avancement qu'occasionnoient ses guerres successives, ne pouvoient être combattus que par ses vices, qui, même aux yeux de ses affidés, ternissoient toutes ses victoires passées. — Cependant, à sa première abdication, l'armée se soumit avec résignation, mais non avec amour, au pouvoir légitime dont elle auroit dû tirer sa gloire. — Les vertus du Roi furent connues, ses intentions furent approuvées; mais presqu'aucuns des individus appartenant à l'armée ne s'estimoient heureux, soit à cause de leur réforme, soit à raison de la perte de leurs espérances. — Les motifs de bien public, qui sans doute devoient être un lien pour eux, n'étoient pas assez fortifiés par les institutions de l'armée, qui se trouvoit être à la fois républicaine, nobiliaire et impériale. — Beaucoup de souvenirs, une grande impatience de ses derniers revers, ajoutoient au danger que la France devoit redouter de la part de ses défenseurs naturels. Cependant, un grand respect pour la personne du Roi pouvoit adoucir les amertumes de l'armée. — Le temps, l'habitude et l'aspect de la prospérité nationale renaissante, faisoient une impression successive sur les troupes. — L'existence seule de Buonaparte nuisoit à une intime réunion.

Le jacobinisme, comprimé sous le gouvernement impérial, sentit le parti qu'il pouvoit tirer de l'esprit de l'armée. — Rien ne fut épargné pour augmenter son agitation; on ne cessa de la mettre en contact avec les anciens serviteurs de la monarchie. — Tandis qu'on exaltoit sa gloire militaire, on considéroit comme brigands ou comme ennemis de la patrie ceux qui n'avoient cessé de donner à leurs Souverains légitimes les marques les plus pures et les plus désintéressées de leur dévouement. — La reprise de quelques titres anciens fut considérée comme un retour à la féodalité, tandis qu'on se plaignoit à peine sous

Buonaparte de la création d'une noblesse égalément titrée.—La distribution de décorations militaires devint un nouveau sujet de diatribes contre la cour, sans qu'on voulût se rappeler la prodigalité du gouvernement impérial à cet égard.— Enfin, la formation de la maison du Roi, qui donnoit le plus d'ombrage au jacobinisme et aux partisans salariés du monarque de l'île d'Elbe, fut aussi ce qui donna le plus de prise au mécontentement de l'armée, et rien ne fut épargné pour l'aigrir contre une institution aussi formidable à ceux qui en vouloient si directement à l'autorité royale.

La formation de la maison du Roi cependant étoit calculée non-seulement d'après ce que le Monarque devoit à d'anciens serviteurs, mais aussi d'après les égards qu'il devoit à l'armée.— Tous les officiers de peu de fortune pouvoient trouver une retraite honorable en pouvant servir avec leurs rangs auprès de la personne du Monarque; — mais on eut grand soin de ne faire sentir à l'armée que ce qui pouvoit blesser son amour-propre : aussi se garda-t-on de rendre publics les motifs honorables qui portoient le Monarque à rendre aux chefs de sa maison militaire des places dont les finances très-considérables étoient, depuis la révolution, perdues pour leurs familles. — On ne s'attacha qu'à faire sentir les abus qui pouvoient s'être introduits dans la formation des corps, par la confusion indispensable dans des circonstances pareilles à celles où l'on se trouvoit alors. — On se récria sur les dépenses immenses qu'entraînoit l'organisation des divers corps de la maison du Roi, lorsqu'il est de fait que la moitié de ces corps de volontaires se montoit et s'équipoit à ses frais. — L'armée française se trouva sans doute vivement choquée de cette création; mais ce ne fut là réellement qu'un prétexte de plus à sa mauvaise humeur, qui venoit bien plus encore de ses habitudes et de son institution ancienne que des dégoûts qu'elle éprouvoit de la cour; et l'on doit croire, par la bonne conduite de grand nombre de ses chefs, et par l'incertitude de beaucoup d'autres, que, sans un motif infiniment plus puissant, l'attachement au Roi et à la patrie eût dominé toutes ces considérations secondaires.

On sait l'empire qu'un chef a sur des troupes qu'il a long-temps commandées, et l'on sait qu'un soldat calcule plus sur les choses extraordinaires qu'il a faites avec lui, qu'il ne lui sait gré du repos paisible dont il l'auroit fait jouir. — Ainsi, les victoires de Buonaparte remplissoient plus le souvenir de l'armée française, malgré ses cruautés envers elle et malgré ses derniers désastres, que l'auroit pu faire la tranquille félicité qu'il auroit procurée à la France. — L'Europe avoit laissé durer l'homme trop long-temps pour ne devoir pas craindre la puissance de ses souvenirs, et cependant son établissement libre dans une île voisine des côtes de France, et si près d'une armée dont le dévouement à des chefs aussi peu connus d'elle, ne pouvoit être au plus que très-incertain ; cet établissement, dis-je, n'avoit assurément reçu la sanction ni des Français sages et éclairés, ni celle du gouvernement royal, ni celle des chefs de l'armée, qui, dans le retour de Buonaparte, prévoyoient tous les malheurs accumulés.

La catastrophe du retour de Buonaparte appartient à la politique de l'Europe. L'armée française n'a fait que céder à ses institutions. — Comme individus, elle comptoit dans ses rangs des hommes fidèles à leur devoir et à leurs sermens ; comme esprit de corps, elle ne conservoit que des souvenirs. — Aussi le succès du retour de Buonaparte fut-il certain du moment où sa présence fit connoître, par l'effet qu'elle produisit sur un des corps de l'armée, quels seroient les sentimens de tous les autres. — S'ils avoient pu, comme des particuliers, prévoir et calculer les événemens futurs, sans doute leur réflexion les eût contenus dans leur devoir ; mais l'organisation de l'armée la forçoit d'agir dans le sens qu'elle a suivi. — La preuve en est que non-seulement personne n'a douté de sa conduite, mais que personne en même temps n'a douté qu'un seul coup de fusil n'eût dissipé toutes les inquiétudes et les dangers de la monarchie, et que la perte du chef n'eût lié l'armée, et d'une manière intime, à son souverain et à ses devoirs légitimes.

Un vieux chien, long-temps battu, long-temps maltraité par le maître qui l'a élevé, n'en perd pas la mémoire par dix mois d'absence. — En vain lui donne-t-on un meilleur maître; son instinct le ramène à celui qui l'a fait souffrir en effet, mais à celui qu'il a regardé comme sa providence. — Il en est de même des soldats français : tous reconnoissoient les mauvais traitemens de leur ancien chef; mais ce n'étoit qu'en lui qu'ils retrouvoient la patrie.

Tous nos désastres sont le produit d'une force presque invincible, qui ne pouvoit être détruite que par une union plus forte qu'elle. — L'Europe a retardé de quinze ou vingt ans l'époque de sa délivrance; elle ne doit, surtout, imputer qu'à elle seule la révolte qu'elle vient d'étouffer si promptement, et dont le châtiment pèse encore sur la France. — Elle ne devoit pas croire libre une nation que ses institutions ne rendoient pas encore maîtresse de son amour. — La force armée tenoit, par son organisation, au souverain de l'île d'Elbe; il étoit encore maître de la France, puisqu'il tenoit tous les ressorts de ce qui pouvoit être son action, et l'on ne peut, par conséquent, sans une véritable injustice faite à la nation entière, lui attribuer le résultat d'une dernière révolution qui n'a porté que sur elle, et qui la menace encore de la haine prolongée de toutes les nations européennes.

Mais que de si longs malheurs, que des désastres si prodigieux ne soient pas perdus pour la génération qui nous suit; que les nations sentent qu'elles n'ont de force que par la solidité de leurs institutions; qu'elles sentent que leurs gouvernemens ne doivent point se changer, mais s'améliorer; que la vétusté seule fait de bonnes lois, des monumens révérés, et seule leur attire le respect des peuples; — qu'il faut donc toujours se servir des élémens existans, et que c'est de l'emploi modéré que les gouvernemens en savent faire que résultent le repos, la vraie gloire et la prospérité des nations.

Mais que ces inventions éphémères, que ces excroissances révolutionnaires disparoîssent; que les guerres, puisqu'elles sont nécessaires à l'équilibre des nations, ne soient du moins plus le tombeau des peuples, et qu'on n'épuise plus les générations sous le prétexte d'une gloire gigantesque. — Un des fléaux inhérens au temps de la puissance de Buonaparte, est que les guerres sont devenues guerres d'invasion, et que les peuples ne se sont plus comptés pour rien dans ce système dévastateur. Les armées, semblables à ces unées de sauterelles qui s'abattent sur un champ du Midi, le dévorent et vont plus loin dévorer encore; les armées actuelles, dis-je, mises en action par ce système nouveau, ne peuvent plus, malgré la volonté du chef et la discipline la plus exacte, être qu'un peu moins cruelles. — Espérons que les malheurs communs de l'Europe lui feront connoître l'abus de ces Etats militaires, par trop exagérés, qui surchargent les finances du Monarque, et qui ne peuvent que rendre onéreux aux vainqueurs comme aux vaincus des hauts faits hors de proportion avec leur état de prospérité.

Je n'ai point encore examiné la question de savoir si la conduite de la nation française, depuis la bataille de Waterloo, peut être considérée par les étrangers comme amicale, ou si les sentimens qu'elle a témoignés peuvent la faire considérer comme hors de l'alliance générale, à laquelle son souverain légitime a pris part comme tous les autres souverains d'Europe.

Sans doute l'entrée d'armées aussi nombreuses que celles qui sont en France ne peut être, pour aucun pays, une cause de félicité publique : on ne peut donc pas exiger que des troupes étrangères, suivies de tous les inconvéniens qu'elles traînent à leur suite, soient reçues avec un enthousiasme qui leur soit personnel : mais la France a dû témoigner son attachement à la légitimité de la Famille Royale, en même temps que son attachement au nom de français. Ainsi donc elle n'a considéré l'invasion de l'Europe que comme un sacrifice amer qu'elle devoit offrir à sa tranquillité future, tandis que son attachement au Roi s'est manifesté de la manière la plus expansive.— En effet, l'entrée des alliés à Paris fut accueillie par un silence sévère. — Un reste de la terreur qu'avoit inspirée la présence de l'armée de l'ex-empereur, joint au sentiment de se voir une seconde fois en proie à la bienveillance même la plus généreuse des puissances coalisées, avoient produit un calme que l'on pouvoit mal comprendre, mais auquel le lendemain devoit donner une ample et judicieuse explication.

Les esprits étoient encore comprimés; le jacobinisme cherchoit encore à disputer au Roi jusqu'aux derniers instans qui pouvoient lui faire douter du cœur de ses sujets. — Il prétendoit prouver aux puissances le peu d'amour que l'on portoit à la Famille Royale, et c'est pour cette raison qu'il faisoit tout pour retarder un élan dont sans doute il ne pouvoit pas présager la vivacité.

Les esprits étoient retenus par une ancienne crainte. Le Roi part de Saint-Denis; les routes se couvrent de peuple. Le Roi s'approche; la population s'avance au-devant de lui. Il n'existe ni crainte, ni souvenir des malheurs passés, ni pressentimens des malheurs à venir, et le Monarque reçoit de ses sujets la preuve d'un attachement d'autant plus manifesté, qu'une astucieuse fourberie étoit parvenue à en retarder l'explosion. — Un souverain chéri, dans un royaume paisible et régulier, peut-il recevoir de ses sujets heureux une preuve moins équivoque d'un attachement aussi sincère? — Le peuple de tel pays que ce puisse être, peut-il se livrer à une joie plus réelle et mieux sentie que celle que les Parisiens ont témoignée du retour de leur souverain? — Et ne voyoit-on pas, dans cette joie publique, qu'elle étoit celle d'une famille qui retrouve enfin son bien-être particulier, qui sent que c'est la fortune de chacun de ses membres qui découvre de nouveau la source première de la prospérité commune. — Tel cher que puisse être un Monarque à ses sujets, c'est le sentiment de son utilité dont l'expression lui doit être la plus précieuse, car c'est par là seulement qu'il peut se flatter de régner sur le cœur de sa grande famille ; et sans doute la joie que produisit le retour du Roi fut trop grande pour ne pas provenir du sentiment de ses vertus; mais elle fut trop générale pour ne pas être en même temps le produit des intérêts publics et particuliers.

Il est heureux pour la France que cent mille étrangers aient été les témoins de cette scène touchante ; et je demande ce qu'en entrant en France l'Europe pouvoit attendre des Français?

Il est clair qu'une révolte ourdie par vingt-cinq ans de diverses révolutions et d'une impunité presque totale, a renversé de son trône un monarque que toute l'Europe y avoit placé pour l'avantage commun des nations ; mais la France n'a point pris part à cette tourmente dont chacun a gémi.

Si l'on ne réprimoit pas en Angleterre une de ces révoltes populaires si communes dans les pays que l'on appelle libres, pense-t-on que l'audace de ceux qui n'ont rien, se calmeroit par les simples raisons des propriétaires et des amis de l'ordre public; et dira-t-on, parce qu'une populace en effervescence aura démoli quelques fabriques et brisé quelques métiers, que la nation anglaise a voulu la destruction de ses manufactures ?

La révolte en France a été plus ou moins concentrée suivant la force de la puissance qui la faisoit mouvoir; mais la propriété avoit un intérêt si directement contraire à son impulsion, qu'il est impossible que le mouvement soit provenu d'une classe assez respectable pour que l'on puisse dire que la nation y a pris part. — D'ailleurs, les faits parlent d'eux-mêmes. — La France, libre de la présence trop active des troupes, a partout conservé l'attitude qui convenoit à son oppression. Plusieurs provinces même ont manifesté leurs sentimens malgré la présence des oppresseurs. — Marseille, Lille, Bordeaux, dans trois points extrêmes du Royaume conservèrent une unanimité de sentimens, qui sans doute ne peut être isolée du reste de la France. — La Flandre, l'Artois, la Picardie, la Normandie, la grande majorité de la Bretagne, le Maine, le cours de la Loire, toutes les provinces méridionales ont suffisamment témoigné qu'elles participoient des intentions des premières villes du Royaume; et leur population a suffisamment fait connoître qu'elle étoit réellement alliée d'intérêt, de fait et d'affection à la grande coalition dont le souverain légitime étoit le membre le plus essentiel au succès général, puisqu'il neutralisoit toutes les ressources de l'ennemi commun.

Aujourd'hui cependant les folliculaires étrangers appellent sur la France la colère des nations. — Ils rappellent sans cesse les maux qu'elles ont soufferts par elle; ils prennent enfin la France pour Buonaparte, et prétendent la punir des crimes de son implacable ennemi.

Il existe sans doute en France une race d'hommes exécrables que la révolution a produite dans son délire, et qui participe encòre de son extravagance et de ses fureurs. Les jacobins sont une espèce d'animal d'une nature incorrigible. Sans souvenir du passé, sans prévoyance de l'avenir, encore fiers d'avoir poussé leur patrie dans toute sorte d'écueils, se croyant seuls capables de gouverner, tandis que leur ineptie ne les rend susceptibles que de destruction; toujours aveugles malgré la clarté; toujours audacieux dès qu'ils peuvent nuire; toujours rampans dès qu'on ne les craint pas, ces êtres privés de tout respect portent la désunion dans toutes les classes de la société. — Leur secret enfin vient de leur échapper, et les cris de *Vive l'Enfer!* que leurs plus obscurs sectaires viennent de faire entendre, ont trahi l'espoir de leur impiété. — Cette secte a produit Buonaparte. — Un jacobin heureux doit vouloir régner ; il doit faire abus de sa force contre les foibles ; il doit haïr les rois, mépriser les peuples qu'il cesse de craindre ; il doit se jouer de toutes les religions ; il doit être toujours perfide dans le succès, toujours lâche dans l'adversité : Buonaparte est le véritable jacobin couronné !

Sans doute l'Europe doit haïr cette secte qui la menace encore, et qui, sous le nom de république et de liberté, couvre la perfidie de ses projets ; mais la France, par son dernier désastre, vient d'apprendre à connoître cette engeance que le silence des lois a laissé vivre. — Ceux qui n'ont pas vécu du temps de sa gloire révolutionnaire, ou ceux qui l'avoient oubliée, ont suffisamment appris à la connoître par quelques semaines de sa dernière prospérité. — Les Français mettront à profit cette courte et décisive expérience, et la France revenue à des idées saines, la France confiant son bonheur à des hommes sages et véritables amis de leur patrie ; sa force armée remise entre les mains de ceux qui se sont montrés fidèles à leurs sermens ; ses administrations devenues royales ; ses tribunaux redevenus les implacables ennemis de toute espèce de crime, et les appuis de la légitimité ; la France, dis-je, enfin revenue aux seules institutions qui font la prospérité des Etats, fera voir à l'Europe longtemps subjuguée comme elle, que c'est du manque d'union que sont provenus tous leurs malheurs; et que si les Français, en vertu d'une succession inouïe d'événemens désastreux, n'ont pas tous conservé pour leur souverain légitime cet amour dont leur bonheur dépend, du moins la masse de la nation, dirigée par les hommes de la monarchie, est encore en état de donner au monde de grands exemples d'honneur et de fidélité.

NOTICE

SUR LES JACOBINS.

Il m'étoit impossible de ne pas accuser quelqu'un dan ma *Défense de la Nation Française ;* mais l'on pourroi croire qu'une idée systématique m'a engagé à reporte sur les Jacobins toute la haine de l'Europe. Je croi donc devoir assurer que mon opinion à cet égard es tout-à-fait indépendante de mon écrit, et que je suis personnellement et intimement convaincu de tout ce que j'ai écrit de la secte la plus méprisable, la plus lâche et la plus inepte en fait de gouvernement régulier, mais en même-temps la plus effrontée lorsqu'on la craint, et la plus tyrannique lorsqu'elle est tout-à-fait triomphante.

On doit donc se défier de ma manière de voir, et je veux donner, de mes assertions, des preuves qui ne viennent pas de moi, qui n'appartiennent pas au temps présent ; et comme je déclare que je ne suis pas impartial, je veux au moins prouver, à mes lecteurs, que ma partialité n'est pas entièrement aveugle, et qu'elle s'appuie sur des noms que la France ne récusera certainement pas.

Voici comme jadis on s'expliquoit sur le compte des Jacobins sous le consulat de Buonaparte :

Extrait du Moniteur du 14 nivose an IX, n° 104. — Extrait du Rapport de la police, du mois de fructidor an VIII.

Du 2. — Les enragés continuent leurs réunions, etc.

Du 3. — Il est constant que les enragés, etc.

Du 4. — Les enragés se remuent toujours, etc.

Du 6. — La société des enragés est un peu ralentie, etc.

Du 7. — Les enragés se sont réunis hier, etc.

Du 8. — Il doit y avoir aujourd'hui une réunion de quelques enragés, etc.

Du 11. — Le Préfet de police a fait arrêter hier deux des plus marquans parmi les enragés, etc.

Voici suffisamment de passages extraits du rapport de la police du temps, pour témoigner que le nom d'enragés étoit alors habituellement en usage en parlant des Jacobins; et les termes que je me suis permis d'employer à l'égard de ces messieurs, en sont bien certainement à peine un équivalent. — Tous ces rapports sont signés Dubois, et pour copie, le secrétaire d'Etat, H. B. Maret.

La réputation et les intrigues de ces obscurs citoyens, donnèrent au gouvernement un réel effroi, et c'est alors que les autorités se réunirent pour donner à leur patrie un gage de sécurité; cent trente individus furent, par l'effet d'un sénatus-consulte, mis en surveillance hors du territoire européen de la République.

Rien, sans doute, n'est moins constitutionnel; rien n'est plus en opposition avec nos idées libérales d'aujourd'hui, qu'une punition en masse contre des individus qui ne sont pas écoutés, et contradictoirement à l'esprit et au texte le plus formel des lois du temps.

Je dois cependant affirmer que la joie de Paris a é extrême lorsqu'on apprit l'éloignement des cent trent individus, membres de la secte abominable que l'o s'étoit habitué à redouter. — Quoiqu'excessivemen royaliste, par instinct, par habitude et par devoir, j n'ai jamais désiré qu'un Jacobin fût jugé sans forme d procès; et je me trouvai le seul de tout ce que je rencontrois alors, qui fût affligé de la mesure révolutionnaire que l'on se croyoit obligé de prendre contre ces messieurs. — Je rompis des lances en leur faveur; je prétendois qu'il valoit bien mieux n'en pendre que cent selon toutes les formes de la justice, s'il n'y avoit que cela à pendre, et y mettre du temps, que de bannir cent trente individus, qui n'étoient peut-être pas les gens les plus estimables du monde, mais qui n'avoient pas perdu le droit naturel d'être jugés régulièrement, et qui, d'ailleurs, reviendroient probablement un jour ou l'autre, par quelqu'amnistie, troubler encore la paix et tranquillité de leur patrie.

Mais j'ai ma propre justification à continuer, et je me sers de nouvelles autorités pour appuyer l'opinion que j'ai cru devoir émettre contre les Jacobins, et justifier les épithètes que je me suis permis d'employer contre eux [1].

Extrait du Moniteur du 19 *nivose an IX de la République, n°.* 109. — *Extrait du rapport fait, par le Ministre de la police générale, aux Consuls de la République.*

« Des hommes exercés à tous les genres de forfaits, » renouvellent chaque jour, sous toutes les formes, le » plan conçu d'anéantir en France l'ordre et le bonheur » public.

» Ce ne sont pas là de ces brigands contre lesquels » la justice et ses formes sont instituées, et qui mena- » cent seulement quelques personnes et quelques pro- » priétés.... ce sont des ennemis de la France entière, » et qui menacent à chaque instant tous les Français de » les livrer aux fureurs de l'anarchie.

» Ces hommes affreux sont en petit nombre, mais » leurs attentats sont innombrables, etc., etc.

» Ils ne sont pas les ennemis de tel gouvernement, » mais de toute espèce de gouvernement, et celui » qu'eux-mêmes auroient créé, seroit bientôt renversé » de leurs propres mains, etc., etc. »

Ce rapport est signé par le Ministre de la police, Fouché.

L'extrait du registre des délibérations du conseil d'Etat, du 11 nivose, an IX de la République, n'est pas moins expressif. J'en tire le passage suivant :

« Le conseil-d'Etat, délibérant sur ces deux ques- » tions, et considérant, sur la première, que depuis » le commencement de la révolution il a existé une » classe d'individus qui, profitant des divers interrègnes » de la loi et de l'absence de toute force publique, s'est » livrée à des crimes dont l'impunité a été une source » de calomnies contre la liberté et la nation française; » que depuis l'organisation du gouvernement actuel elle » n'a pas été un seul jour sans tramer l'assassinat des » principaux magistrats de la République; qu'ainsi » cette classe, produit d'une révolution qui a déchaîné » toutes les passions, ne peut être et n'est envisagée par » toute la nation que comme une ligue de brigands, » qui est en guerre permanente contre tout ordre public;

» qu'une constitution et des lois faites pour le peuple le » plus doux de la terre, ne peuvent offrir aucun moyen » contre cette classe d'individus, est d'avis, etc. »

Cet extrait est signé par le secrétaire-général des Consuls, Lagarde; approuvé le 14 nivose, an IX de la République, signé le premier Consul, Buonaparte; et contre-signé par le secrétaire-d'Etat, H. B. Maret.

Extrait du sénatus-consulte du 17 nivose an IX de la République.

« Considérant qu'il est de notoriété que depuis plu» sieurs années il existe dans la République, et notam» ment dans la ville de Paris, un nombre d'individus » qui, à diverses époques de la révolution, se sont » souillés des plus grands crimes;

» Que ces individus, s'arrogeant le nom et les droits » du peuple, ont été, continuent d'être en toute occa» sion, le foyer de tout complot, les agens de tout » attentat, l'instrument vénal de tout ennemi étranger » ou intérieur, les perturbateurs de tout gouvernement, » et le fléau de l'ordre social;

« Que les amnisties accordées à ces individus en diverses » circonstances, loin de les rappeler à l'obéissance aux » lois, n'ont fait que les enhardir par l'habitude, et les » encourager par l'impunité;

» Que leurs complots et attentats, réitérés dans les » derniers temps, par cela même qu'ils ont échoué, » leur deviennent un motif d'attaquer un nouveau gouver» nement dont la justice les menace d'une punition finale;

» Qu'il résulte des pièces soumises au sénat conser» vateur, que la présence de ces individus dans la Ré-

» publique, et notamment dans cette grande capitale,
» est une cause continuelle d'alarmes et d'une secrette
» terreur pour les citoyens paisibles qui redoutent, de
» la part de ces *hommes de sang*, le succès fortuit de
» quelques trames, et le retour de leurs vengeances, etc.»

Le sénatus-consulte, dont ces passages sont extraits, sont signés, par Laplace, président; Clément-de Ris et et Rousseau, secrétaires; et par le secrétaire-général Cauchy.

Voilà, ce me semble, assez d'autorités importantes pour motiver mes assertions contre les Jacobins.

FIN.

www.ingramcontent.com/pod-product-compliance
Lightning Source LLC
LaVergne TN
LVHW010041230826
846091LV00005B/1807

* 9 7 8 2 0 1 1 7 7 9 7 7 9 *